작가 **민예은**

국사학과를 졸업하고 독서경영석사를 취득해 역사와 하브루타, 독서 관련 강의를 하다 건축 설계사였던 남편과 함께 스마트팜 농장을 창업해 바질 농사도 짓고 가공품도 만드는 사장님이 되었다. 생각은 짧게 행동은 빠르게가 삶의 모토로 일 벌리는 데 선수다.

@pyodaddyfarm
https://blog.naver.com/donggri80
donggri80@naver.com /
pyodaddyfarm@gmail.com

2023년 9월 발간

2024년 9월 발간

흙 한 줌 없이 바질 농사

CONTENTS

들어가며 4

1장 | 우리가 농부가 될 줄이야 8

2장 | 흙 한 줌 없이 바질 농사 20

3장 | 농사나 인생이나 모두 사람 31

4장 | 스마트팜을 하고 싶은 당신에게 42

부록 | 스마트팜 시작 행복 가이드 A-Z 53

나가며 67

들어가며

 새로운 일을 시작한다는 것은 두려움도 앞서지만 설레임을 안겨주기도 합니다. 건축설계를 하던 남편과 역사와 하브루타, 독서 강의를 하던 아내는 두려움과 설레임을 안고 농사를 시작했습니다. 농장 경영을 시작하면서 몇 가지 목표를 세웠었는데 그중 하나가 우리 농사 경험을 책으로 내는 것이었습니다. 그런데 그 기회가 이리 빨리 올 줄은 몰랐네요. 출간 제안을 받았을 때 농부라고 자신 있게 말할 수 있기엔 아직 미흡한 점이 많아서 과연 독자들에게 도움이 되는 책을 쓸 수 있을까 하는 고민이 있었습니다. 원고를 마무리하고 서문을 쓰는 이 순간에도 그 고민은 계속되고 있습니다.

 이 책은 전문적인 스마트 팜 기술이나 농장 경영으로 엄청난 부를 이룰 수 있는 비법 같은 것을 알려드리진 않습니다. 다만, 뛰어드는 용기를 가질 수 있게 도와드리는 것에 초점을 맞추었습니다. 저희도 농사의 'ㄴ'자도 모르던 생초보였거든요. 하지만 지금은 농업잡지와 인터뷰를 하고 표지모델이 되어 보기도 했고, 뉴스에도 출연하고 다른 농장에 컨설팅과 교육도 해줄 수 있을 만큼 성장했습니다. 농장을 경영한 지 햇수로 2년 만에 이렇게 될 수 있었던 것은 열심히 부딪혀 배우고 공부하고, 고민했기 때문이라 생각합니다.

새로 시작하시는 분들께 알려드리는 것도 거창한 내용은 아닙니다. 처음 시작하는 마음가짐, 농장 경영의 비전 설정, 저희가 겪었던 초보가 저지를 수 있는 시행착오들을 줄이는 방법 등을 알려드립니다. 레벨 1이 레벨 0에게 알려줄 수 있는 것들을 알려드리는 것이죠. 서울대생은 낙제자를 가르치기 힘들다고 하죠? 낙제자가 이해 못하는 것을 서울대생은 이해 못하기 때문이라고 합니다. "이게 왜 이해가 안 돼?"라면서요. (실제로 제가 그런 경험을 한 적 있습니다. 고등학교 때 생물 선생님이 서울대 출신이셨는데 생물시간에 저희가 못 알아듣고 있으면 답답해 머리를 쥐어뜯으며 너희는 왜 이해를 못하니!!!!라고 소리치시는 걸 종종 겪었답니다.) 그런데 레벨 1은 레벨 0의 마음을 누구보다 잘 알기에 오히려 더 쉽고 상세하게 또 알아듣기 쉽게 알려줄 수 있습니다. 시행착오의 기억이 아직 생생하기에 초보가 겪을 수많은 일들을 잘 알려줄 수 있다고 생각합니다. 그런 관점에서 이 책을 보시면 됩니다. 그리고 한 가지 당부를 드리고자 합니다. 독자분들! 저희는 이제 갓 농부 티가 나기 시작한 상태입니다. '니네가 얼마나 잘났기에 책을 쓰니!'보다는 '이렇게 책까지 쓰면서 누군가에게 도움이 되고 싶을 만큼 농사에 진심이구나'라는 시선으로 봐주세요. 그리고 지금은 미약하지만 언젠가 지금보다 더 훨훨 날게 되기까지 저희 농장을 함께 응원해 주세요.

  스마트팜에 관심이 있으신 분들 또는 관심은 있었지만 어디서 어떻게 자료를 얻고 시작해야 하는지 잘 모르겠는 분들, 저희가 그 문턱을 살짝 낮춰 드릴게요. 지금부터 저희의 좌충우돌 스마트팜 성장기를 함께 하시죠.

덧. 저희는 실내공장형 스마트팜입니다. 하우스형 스마트팜과는 차이가 있을 수 있으니 이 점 참고하면서 읽어주셔요.

1장

우리가 농부가 될 줄이야

남편은 전직을 꿈꾸고 아내는 현실을 계산하다

3년 전 어느 날, 대학생 때부터 거의 15년을 건축 외길만 팠던 남편이 건축 쪽에서 더 이상 비전을 찾기 힘들다며 전직에 대한 이야기를 하기 시작했습니다. 하지만 저는 '뭐래?'라는 생각을 하면서 남편의 얘기를 한 귀로 듣고 한 귀로 흘렸습니다. 그런데 그 이후로도 남편은 간혹 "이런 쪽 일을 해보면 어떨까?", "저런 거는?"이라며 전직에 대한 얘기를 종종 하더군요. '아, 뭐야? 진심인 거야? 월급 따박따박 받는 이 직장을 놔두고 다른 일을 하겠다고? 진짜로 저지르면 어떡하지?'라는 걱정이 되기도 했지만, 시간이 지나면서 남편의 진심이 느껴졌고 저 역시도 남편을 도울 방법이 없나 고민을 하게 되었습니다. 그러다 남편이 다니는 직장의 사정이 어려워지면서 월급이 밀리기 시작했습니다. 남편의 직장뿐 아니라 경기 침체와 맞물려 다수의 건축사 사무실이 일이 없어 급여가 밀리는 곳이 많다더라고요. 그래서 남편에게 다시 이야기가 나오면 진지하게 들어봐야겠다고 생각했습니다.

운명의 그날. 남편은 다시 전직에 대한 얘기를 꺼냈는데 제 귀에 두 단어가 꽂혔습니다. "스마트팜", "바질". 그 순간 더 이상 남편의 말이 그냥 흘러나가지 않고 제 두 귀에 가득 담기는 것을 느꼈습니다. 잠시 고민 후 "그러면 그 사업을 우리가 했을 때 어느 정도의 비용이 필요하고 우리가 감당해야 할 리스크는 어떤 것들이 있어? 한 번 제대로 알아보고 다시 얘기해 봅시다." 이렇게 바질 농부로의 여정은 시작됐습니다.

사진 1 | 농장에 설비 들어오던 순간

정신 차려보니 저희는 이미 농장으로 변신할 공장 건물을 임대했고, 사업 설명회를 찾아가 계약을 맺어 스마트팜 시설을 공장 건물 안에 설치했고, 바질 모종을 들여와 첫 정식을 한 뒤더라고요. 그렇게 건축가 남편과 강의하던 아내는 24년 봄에 농부가 되었습니다.

달콤한 꿈, 한 달 만에 깨지다

사람이 뭔가 새로운 일을 시작할 때 아무리 냉정하게 사안을 바라보려고 해도 막연한 희망을 품기 마련이고 그 희망들로 100% 냉정함을 가지긴 어렵기 마련입니다. 나름 냉철하게 판단하겠다며 여러 정보를 알아보고 관련 서적을 읽고 선배 농부들을 찾아가 조언을 듣기도 하면서 현실을 제대로 보려고 했지만, 농사에 전혀 관심이 없었으니 정확한 현실을 아는 데는 한계가 있었습니다.

게다가 '스마트팜'이란 단어가 주는 묘한 매력에 눈이 멀어 저희는 이미 행복한 꿈을 꾸었답니다. 설비가 들어오는 모습을 보며 우리가 일반적으로 생각하는 논, 밭의 모습과는 전혀 다른 마치 영화 '마션' 속 화성에서 감자를 키우는 것보다 더 최첨단으로 보이는 시설은 저희가 꾸던 꿈을 더 달콤하게 만들기에 충분했습니다.

여기에 바질을 심으면 어느 정도 수확을 할 수 있을

사진 2 | 첫 정식 때 모습

것이고 얼마만큼의 수익을 올릴 수 있겠지? 그러면 그 다음엔 농장을 확장하고, 기업이나 정부와 협력도 하면서 규모와 소득도 더욱 확대할 수 있겠지? 등등의 행복한 상상을 했었습니다. 그 상상 속에 저희가 실패할 거란 생각은 전혀 없었습니다. 리스크를 고려하겠다던 마음도 어느새 물거품처럼 사라졌고 단꿈만 꾸고 있었죠.

하지만 그 꿈은 고작 정식 후, 한 달 만에 깨졌답니다. 저희는 지금 약 60평 규모에서 수직 타워를 통한 바질 재배를 하고 있습니다. 스마트팜 재배는 노지 대비 평당 적게는 3배의 수확을 할 수 있다고 합니다. 60평이면 노지에서의 180평 규모의 수확을 할 수 있다는 것이죠. 그런데 단둘이 그 수확을 감당하기엔 바질의 성장 속도가 엄청나게 빨랐습니다. 게다가 저희는 초보이다 보니 수확 속도는 더디고.. 매주 수확을 해야 하는데 한 주를 넘겨 수확을 해도 다 못할 때가 생기고 그러다 보니 바질이 웃자라 상품으로서의 가치를 못해 버려야 할 상황이 생기기 시작했습니다. 그리고 수경재배 때 쓰는 양액 조절, 햇빛 역할을 하는 LED조명 조절, 온습도 조절 모든 것에 어려움을 겪었습니다. 매뉴얼이 있었지만, 농장 환경에 따라 미세하게 조절해야 하는데 그 기준점을 잡는 것이 초보 농부에게는 그리 녹록지 않더군요. 그러다 보니 저희가 희망했던 한 달 수확량과는 전혀 딴판의 수확량이 나왔고 저희의 관리 부족으로 버려지는 바질이 더 많다 보니 당황하고 좌절하기 시작했습니다.

사진 3 | 기형 바질

사진 4 | 곰팡이 바질

스마트팜에서 바질은 보통 4달간 키우고 나면 바질이 늙어 다시 새로운 모종으로 교체해 주어야 합니다. 그 4달이 어찌나 길던지요. 어차피 망한 거 그 냥 뽑아버리고 다시 해야 하나? 그럼 그 비용은 어떻 게 보전받지? 우리 이렇게 망하는 건가? 이러다 집도 절도 없이 나앉으면 어떡하지? 우리 아이들은? 정말 별의별 생각이 다 들었습니다. 농장에서 점심을 먹을 때면 엉망진창으로 자라고 있는 바질을 보면서 한숨 만 쉴 때도 많았습니다. 하지만 부부가 함께 내린 결 론은 '죽이 되든 밥이 되든 경험이라 생각하고 4달은 무조건 끌고 가자. 그 사이에 우리가 경험할 수 있는 실패란 실패는 다 섞어보자'였습니다. 그 실패들은 다 잘 기록하고 기억했다가 다시는 실패하지 말자! 고 다짐했습니다. 정말 이를 악물고 버텼지요.

  그리고 4달 뒤 모종을 싹 다 교체를 하고선 또다시 꿈에 부풀었습니다. 이번엔 잘 할 수 있을 거야!라고 요. 그런데! 이번엔 한여름의 바질 수매 가격이 저희 를 기다리고 있었습니다. 바질의 겨울 최고가와 여름 최저가는 거의 98%의 차이를 보입니다. 작기 교체를 하자마자 한 여름이었던데다 24년의 여름은 11월까 지 지속되다시피 해 바질 수매 가격이 kg당 만 원 선에서 올라갈 줄을 몰랐습니다. 그러다 보니 수확을 많이 해도 버는 돈은 농장을 운영하는 데 필요한 경비를 간신히 충당할 수 있을까 말까였습니다. 거기에 수확할 때 도움을 받는 인건비와 저희의 생활비까지 감당하려면 시간이 지나면 지날수록 적자인 셈이라 또다시 이걸 접어야하나 하는 생각을 하게 했지요.

비로소 농부가 되다

그래도 이 글을 쓰고 있다는 건 포기하지 않았고 지금까지 열심히 하고 있다는 뜻이겠지요? 그럼 어떻게 우리 부부는 견딜 수 있었을까요?

첫째, 혼자가 아닌 서로였기에 견딜 수 있었습니다. 남편과 저는 전혀 성격이 다릅니다. 저는 불도저같이 밀어붙이는 성격이고 남편은 깊이, 여러 번 생각하는 성격입니다. 그러다 보니 밀어붙여야 하는 순간이라 생각되면 제가 앞장서서 밀어붙이고 해결책을 찾아내 제시하면서 남편의 행동을 격려했고, 깊이 생각해야 하는 순간이면 남편이 이미 오래전부터 고민해 왔던 것들을 풀어내며 제가 불도저처럼 밀고 나갈 수 있도록 지원을 해줬습니다. 그리고 한 명이 처지면 다른 한 명이 힘을 불어넣어 주면서 어려운 순간 서로가 힘이 되어 주었습니다. 그리고 기본적으로 두 사람이 농장 경영에 대한 비전은 이미 농장 경영을 시작하기 전부터 여러 번 이야기 나눴던 터라 그 비전에 대해 함께 이야기 나누며 첫술에 배부를 수 없다는 상황을 서로에게 상기시켜 줄 수 있었지요.

눈앞의 이익을 생각하면 포기하고 싶은 마음인 건 같았지만 "짧게 보고 들어온 것 아니다. 길게 보자. 분명 이 시간을 웃으며 빛 알 내가 을 것이다."라며 정신무장을 하고 현실적으로 재정 문제를 해결할 수 있는 방안을 모색해 나갔습니다. 그렇게 찾아본 방안들을 적용해 보고 농업뿐 아니라 기업들의 사례도 연구하고 실제 문제를 해결하신 분들의 조언도 들어가며 농장경영에 대한 여러 부분을 수정, 보완 해나갔습니다. 그러다 보니 조금씩 희망이 보이기 시작했고 지금에 이를 수 있었습니다. 이 모든 순간 저희는 혼자가 아닌 함께였습니다. 함께가 아니었다면 포기했을지도 모르겠습니다. 그런 면에서 저희 둘은 꽤 죽이 잘 맞는 파트너라는 생각도 했습니다.

두 번째는 속된 말로 '존버는 승리한다' 정신이었습니다. 첫 작기 때 온갖 안 좋은 상황을 겪고 나니 두 번째 작기 때 바질을 키우는 것은 훨씬 수월해졌습니다. 하지만 수매 가격 때문에 또다시 꺾였을 때 또 한 번 무너지는 경험을 하면서 비슷한 시기에 시작했던 다른 농가들 중 한두작기만에 포기하는 농가가 생겼을 때는 우리도 빨리 그만두는 게 손해를 덜 보는 건 아닐까 하는 유혹에 시달리기도 했습니다. 하지만 "이렇게 떨어졌다는 건 겨울엔 확실히 가격이 뛴다는 거 아냐? 원래 겨울에 좀 더 좋은 가격 받고 판 걸로 여름 버티자고 처음부터 얘기했었잖아. 그러니 겨울까지 잘 버텨보자."라며 마음을 다잡았습니다. 그러면서 가격 변동에 따른 재정난을 최소화할 수 있는 해결책을 고민하기 시작했습니다.

그 과정에서 저희가 지금까지 잘 버틸 수 있었던 세 번째 이유가 나왔습니다. 바로 가공품 생산이었죠. 저는 결혼 전에 컨설팅 회사를 다닌 적이 있었습니다. 그때 지역 개발 쪽 일을 했었는데 그러면서 농촌의 현실이나 농사로 살아남으려면 어떤 노력들을 해야 하는지를 어느 정도 알게 됐었죠. 그래서 스마트팜을 시작하기 전에 남편과 1차 농산물 생산만 하지는 않기로 이야기를 나눴습니다. 2차 제품을 생산하고 3차 서비스를 제공하면서 결국 1~3차를 융합한 6차 산업을 하자고 이야기를 나누었습니다. 다만 6차 산업까지 키우는 건 저희가 바질 생산을 어느 정도 안정화 시킨 다음일 거라 생각했는데 그 시기가 상당히 앞당겨진 것이었습니다. 제품당 6개월 이상의 레시피 연구 시간을 늘였고 지인이나 체험난 시식을 통해 평가를 받으며 준비하다 결국 올해 2월 "아빠표 농장"이라는 이름으로 스마트 스토어에 입점을 하기도 했습니다. 바질 페스토를 팔다가 지금은 장아찌와 카라멜, 캠핑 세트 등 여러 가지 가공품과 생바질을 판매하고 있습니다. 이 모든 건 "망하지 않기 위한" 시작이었지만 지금은 "살아남아 성장하기 위해" 계속되고 있습니다. 또한 강의를 하던 저의 능력을 살려 바질페스토 원데이 클래스를 진행하기 시작했습니다. 도서관과 학교 등에서 강의를 진행했고

사진 5 | 첫 페스토   사진 6 | 최신버전 페스토

강의를 진행한 곳들에서 입소문을 타고 나가 강의 의뢰가 계속 들어와 유치원이나 어린이집의 견학, 스마트팜에 대한 호기심이 있으신 개인이나 단체의 견학도 진행하고 있답니다.

처음 시작하던 때를 회상해 보니 그래도 버텼고, 지나갔고, 성장했네요. 그래서 부부가 서로 수고했다 격려하고 칭찬했습니다. 이렇게 우리는 '스마트팜'이라는 이름 아래 매일 배우고 익히고 성장해 나가고 있습니다. 다음 장에서는 스마트팜이 무엇인지 좀 더 구체적으로 알려드릴게요.

2장

흙 한 줌 없이 바질 농사

LED는 햇살, 물은 흙

스마트팜(smart farm)이란 농업에 ICT(정보통신기술)를 접목해 농작물의 생육환경을 자동으로 제어해 생산성은 높이고, 노동력은 줄이는 첨단 농업 시스템을 말합니다. 노지나 하우스에도 도입이 가능한데 저희 농장은 실내공장형 스마트팜입니다. 그래서 방문하시는 분들께서 모두 놀라면서 하는 말씀은 "여기, 우주인가요?"입니다. 앞 장에서도 영화 '마션' 이야기를 했는데 마치 영화 속 한 장면처럼 LED와 수직타워가 우뚝 서 있는 모습, 그 시설을 통해 향긋한 바질들이 무럭무럭 자라고 있는 모습에 놀라시는 거죠. 그런데 영화와 현실에 결정적인 차이가 한 가지 있습니다. 바로 '흙'입니다. 영화 속에선 화성의 토양에서 감자를 키우지만, 저희는 한 줌의 흙도 없이 식물을 키우고 있어요. 그것을 가능케 하는 것은 바로 수경재배 시설입니다.

플라스틱 타워의 포트에 육묘된 바질을 하나하나 심어서 물탱크로부터 공급된 양액이 24시간 공급됩

사진 7 | 농장 실내 모습

니다. 거기에 시간에 맞춰 꺼졌다 켜졌다 하는 LED 전등은 햇빛 역할을 하지요. 일반 LED와는 다른 식물용 LED를 사용하는데 이 LED는 햇빛과 비슷한 파장을 냅니다. 타워 바깥 부분에 다른 식물과 심고

남은 바질을 심어 놓기도 했는데 모두 LED전등을 향해서 자라더군요. 그 모습을 보면서 햇빛과 파장이 정말 비슷하다는 걸 느꼈습니다. 그래서일까요? 햇빛으로 충전되는 시계나 전자 기기 충전이 가능하기도 합니다. 일반 LED로는 충전이 안 된다네요.

이제 흙과 햇빛이 충족되었네요. 끝일까요? 아닙니다. 온도와 습도, 바람도 필요합니다. 온도는 냉난방기가 습도는 제습기가 바람은 선풍기, 환풍기가 각각의 역할을 합니다. "한겨울에는 난방기를 트나요?"라는 질문을 송송 받는데 LED에서 열이 꽤 많이 발생하기 때문에 실제로는 여름은 물론 한겨울에도 냉방기를 돌려 온도를 낮춰줘야 합니다. 그리고 선풍기를 통해 바질을 흔들어주어 빛이 안쪽에서 자라는 바질들에게까지 전달될 수 있게 합니다.

이렇게 모든 환경을 제어할 수 있고 특히 흙이 없이 농사를 짓다 보니 병충해에 크게 구애받지 않는다는 것과 균일한 품질의 바질을 1년 내내 생산할 수 있다는 점이 스마트팜의 최고 장점이라 생각합니다. 그렇다고 병충해가 아주 없는 것은 아닙니다. 외부에서 들어오거나 사람에게 묻어 올 수도 있고 아무리 환경 제어가 가능하다 해도 여름에는 결국 날파리들이 꼬이기도 합니다. 날파리는 바질 생육에 큰 문제를 주는 것은 아니지만 위생상 좋지 않아 포충기 등도 IoT(internet of things; 우리 주변 일상의 사물들을 인터넷에 연결하여 데이터를 주고받고 제어하는 시설)시설에 연결하여 최대한 바질에 영향 가지 않게 하고 있습니다.

환경 제어는 핸드폰 하나로

이제는 시대가 달라졌습니다. 다른 업종에서도 사람이 하던 일을 키오스크나 로봇이 대체하고 있지요. 농사도 마찬가지입니다. 작물에 따라 정도의 차이는 있지만 이제 자연환경을 극복해 농사를 짓는 것이 가능해졌지요. 앞서 언급했던 자연환경을 대체하는 실내공장의 환경 조절은 바로 스마트 폰만 있으면 가능하답니다. 물탱크, LED, 냉난방기, 제습기, 선풍기 모두 IoT시스템을 통해 스마트 폰에 깔린 앱으로 관리 및 제어가 가능합니다. 모니터링도 정말 간단하죠. 작물이 필요로 하는 환경을 설정해 놓으면 스마트폰을 수시로 들여다보지 않아도 시간이 되면 알아서 꺼졌다 켜지고, 물탱크의 수위 조절이나 이산화탄소 농도, 온습도 등을 그래프를 통해 언제든 상황을 지켜볼 수 있어서 수치를 보고 바로바로 조절도 가능합니다. 그러다 보니 수확 외에 사람의 손을 타야 하는 경우는 거의 없습니다. 작물에 따라서 수확도 대체 가능하도록 변화하고 있습니다.

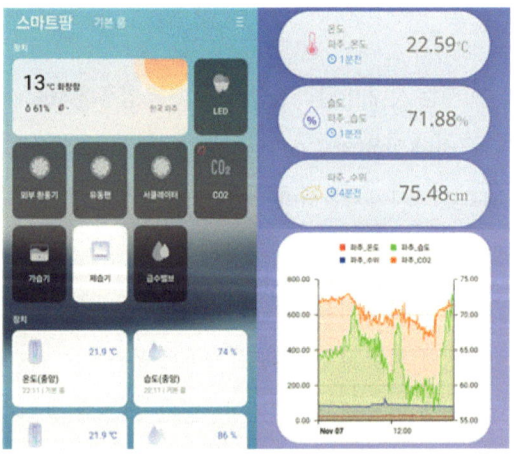

사진 8 | 핸드폰 농장 제어 화면

간단한 조작 외에도 스마트팜의 장점은 여러 가지가 있습니다. 그중 하나는 내가 시간의 주인이 될 수 있다는 점입니다. 저희는 아직 어린아이들을 키우고 있다 보니 모든 시간을 아이들에게 맞춰야 합니다. 노지에서는 사람이 환경에 시간을 맞춰야 하는데 스마트팜은 인위적인 환경 관리가 가능하다 보니 아이들의 사이클에 맞춰서 식물 재배가 가능하더군요. 아이들을 등교시키고 농장에 가서 주 2회 수확, 주 3회는 농장의 전반적인 관리와 스토어 관련 업무를 하고 아이들 하교 시간이 되면 퇴근해서 아이들과 시간을 보냅니다. 그리고 저는 주 1~2회 원래 하고 있던 강의 관련 업무도 계속하고 있는데 이것을 가능할 수 있게 하는 것은 시간의 주인이 될 수 있었던 덕분입니다.

실내농장의 쾌적한 환경 역시 큰 장점입니다. 한여름의 푹푹 찌는 날과 한겨울의 뼛속까지 파고드는 찬바람, 태풍이 몰아치는 상황 모두 실내 농장에게는 딴 세상 이야기입니다. 일 년 내내 동일한 환경을 유지하고 있어 여름과 겨울에도 쾌적하게 일을 할 수 있는 환경이 유지됩니다. 이것은 노지, 비닐하우스의 농부들과 비교하면 엄청난 혁신입니다. 노지 농사는 기후와 날씨의 영향이 절대적이기 때문에 이러한 환경을 본인이 온몸으로 견뎌가며 일을 해야 하고 이런 것들이 체력적으로 굉장히 힘들고, 농사를 짓지 못하는 겨울에는 경제적으로도 많은 부담이 될 수밖에 없을 것입니다. 반면, 스마트팜은 확실히 체력 부담도 덜 하고 겨울에도 지속적인 생산이 가능하기에 경제적인 부담도 덜 수 있습니다.

마지막 장점은 스마트팜의 장점이라기보다 농장경영의 장점이라 생각하는데 바로 사람에 대한 스트레스가 거의 없다는 것입니다. 건축설계사 시절 남편은 한 클라이언트 때문에 숨을 쉬기가 힘든 지경까지 간 적이 있었습니다. 불법적인 증축을 요구하면서 그런 부분은 힘들다고 얘기하니 고성에 폭언을 하면서 남편을 몰아세웠었는데 그 경험이 비전이 없어지는 건축계의 상황과 맞물려 몸은 좀 힘들지언정 마음 편한 일을 하고 싶다는 계기를 마련해주었습니다. 사람을 상대하는 직종들은 거의 다 비슷할 거라 생각합니다. 하지만 스마트팜을 시작하고서 사람에게서 받는 스트레스는 거의 0에 가깝기에 행복하게 일하는 남편을 보며 저는 때로 스마트팜이 남편을 살렸다는 생각을 하곤 합니다.

이 일이 스트레스가 아주 없다는 뜻은 아닙니다. 사업이니 경영과 관련한 스트레스, 작물이 제대로 크지 않을 때의 스트레스가 분명 있습니다. 그런데 바질에는 마음을 안정시켜주는 리모넨이라는 화합물이 들어있어 단순히 향만 좋은 식물이 아니라 마음을 안정시켜주는 역할을 하기도 합니다. 저희가 농장경영에 있어 여러 번 고비를 맞았을 때 잘 넘길 수 있었던 이유 중의 하나가 바질의 향 덕분도 아닐까 합니다.

시스템이 완벽해도 삶은 예측 불허

스마트팜이 항상 편리하고 쉬운 것은 아닙니다. 24년 어느 여름밤, 천둥번개를 동반한 비바람이 몰아치기에 혹시나 싶어 스마트 폰을 들여다보았습니다. 그런데!! 그 어느 수치도 뜨질 않더군요! 이거 이상하다! 비상이다!란 생각이 들었는데 스마트팜 관리 업체에서도 확인해 보라며 연락이 왔습니다. 빗속을 뚫고 농장으로 가보니 옆 건물에 번개가 떨어지면서 그 일대가 정전이 된 것이었습니다. 다행히 저희보다 한전에서 먼저 도착해 문제를 해결해 주셨고 30분 만에 전기는 정상으로 들어오게 되었습니다. 그 30분간 어찌나 맘을 졸였는지 모릅니다. 특히 다른 무엇보다 물탱크가 돌아가지 않아 바질에게 양액 공급이 오랜 시간 끊기면 바실이 시들거나 기형으로 자라게 되기에 복구를 애타게 기다려야 했습니다. 올해 여름에도 잠시 정전이 되어 화들짝 놀란 적도 있었습니다.

그리고 설비 자체에 문제가 생기는 경우도 있습니다. 전자 제품들이 24시간 돌아가다 보니 어느 정도 시간이 지나면 고장이 나거나 작동이 멈춰버리는 경우도 있습니다. 선풍기의 회전 기능이 멈춰서 몇 번이나 고장 수리를 보내야 하기도 했고, 온도 센서가 고장 나기도 하고 양액을 공급하는 물펌프가 고장 나기도 해 수리, 교체를 해야 하는 경우가 생기기도 합니다.

모종을 교체한 직후는 누수가 종종 발생하기도 합니다. 식물들이 자라 물 공급 호스를 잡아주는 시기가 되기 전까지 물의 압력을 못 견디고 호스가 터지는 경우도 있는데 제때 바로잡아 주지 않으면 물을 머금었던 바질들이 LED에 타버릴 수 있어 신경을 더 써야 하기도 했습니다. 간혹 아침에 출근했을 때 농장이 물바다인 경우가 있어 그런 날은 수확 전에 열심히 바닥 청소를 해야 하기도 하고 상한 바질들이 있다면 여분의 바질로 교체를 해주거나 여분의 바질이 없을 때는 상한 부분을 제거해 주변 바질에 영향이 가지 않도록 관리해 줘야 합니다.

스마트팜이라고 해서 만능이진 않습니다. 물론 노지 농사에 비해 편하게 농사를 지을 수 있지만 알아서 크겠거니 하고 제대로 관리하지 않으면 문제가 생겼을 때 바로 대처가 가능하지 않기에 항상 관심을 기울여야 합니다. "농작물은 농부의 발소리를 들으며 자란다"라는 말이 있습니다. 스마트팜으로 제어는 하더라도 바질 자체를 수시로 들여다보며 더 챙겨야 할 것은 없는지 확인하는 과정은 매우 중요합니다. 저희가 올해 지역 축제에 참여하느라 열흘 정도 바질에 제대로 신경 쓰지 못한 적이 있었는데 후폭풍이 상당했습니다. 결국 스마트팜은 농사를 잘 짓기 위한 도구일 뿐이지 스마트팜으로 모든 것을 해결할 수 있다는 생각은 매우 위험합니다. 직접 손수 하나하나 심고, 가꾸고, 수확하는 것은 오롯이 농부의 몫인 것입니다. 그 역할에 대한 준비를 미처 하지못해 시작한 지 얼마 되지 않아 포기하는 경우를 송송 보기도 했으니까요. 그럼 농장 경영에 대한 마음가짐은 무엇인지 다음 장에서 좀 더 살펴보겠습니다.

3장

농사나 인생이나 모두 사람

그러고 보니 아직 저희 농장에 대한 소개를 제대로 하지 않았네요. 저희 농장은 경기도 파주에 위치해 있고 스마트팜 시설에서 바질을 키우고 있습니다. 상호명은 "아빠표 농장"이랍니다. 아빠의 성이 "표"씨 이기에 표씨 아빠가 하는 농장이면서 부채"표" 소화제처럼 브랜드라는 뜻을 함께 갖고 있지요. 농장의 실질적인 주인인 아내의 이름이 빠져서 서운하지 않냐고요? "민"씨인 엄마의 성을 따서 농장 이름을 지어볼까요? 민엄마 농장, 엄마민 농장은 이상하잖아요. 그래서 엄마는 비선실세를 하기로 마음먹었답니다. 아빠는 캐릭터를 제공했을 뿐. 모든 실권은 엄마가 쥐고 있답니다.^_^

서로 다른 부부, 그래서 가능한 협업

 앞에서 둘이기에 서로 힘이 돼주고 있다는 이야기를 했는데 항상 그런 것은 아닙니다. 남편은 신중한 성격인 반면에 저는 생각보단 몸이 먼저 나가는 성격인데 함께 일하며 24시간을 붙어 있다 보니 서로에 대한 불만도 제법 쌓였습니다. 저는 대답 하나를 듣는 것부터 뭘 하려면 시간이 걸리는 남편을 답답해하고 남편은 생각 없이 일 저지르거나 이성보다 감정이 먼저 튀어나와 와와 대는 저를 불편해했습니다.
 농장이 잘 돌아갈 때는 좀 불편해도 서로 양보하면서 넘어가는데 서로 감정이 쌓이는 과정 중에 농장에 뭔가 문제가 생기면 서로 충돌하곤 합니다. 남편은 입을 다물어 버리고 저는 온갖 협박을 하면서 남편을 몰아세우는데 결국 한 번은 한 달 넘게 서로 필요한 얘기 외에는 말을 섞지 않은 적도 있었습니다. 심각한 문제였냐고요? 아니요~ 그럴 리가요. 언제나 문제는 사소한 데서 생깁니다. 한 달 동안 서로 이야기를 하지 않았을 때는 바질 가격이 곤두박질쳐서

각자 예민했던 날, 바질을 수확하고 포장하는 과정에서 마음은 급한데 포장할 것은 많고 그날따라 선별할 바질이 많으니, 서로에게 상처 주는 말을 하게 됐고 서로의 잘못을 인정하기보다 서로의 탓을 했었답니다. 한 달간 서로 얘기도 안하다 결국 남편이 먼저 화해를 청했고 어정쩡하게 화해를 했는데 그러다 어느 순간 또 둘이 언제 싸웠냐는 듯이 열심히 각자의 자리에서 일을 하고 있네요.

이후로 사소한 의견 차이로 인한 순간의 감정 상함은 있지만 각자의 생각이 다름을 서로 인정하고 있기에 큰 갈등은 없었답니다. 그리고 싸울 시간에 바질 하나라도 더 수확하고 농장 성장시키는 게 더 중요하다고 생각하는 데다 의지할 곳이 서로뿐이니 더 이상의 큰 다툼은 없었습니다. 속으론 어떨지 몰라도요!!

농부, 브랜드가 되다

농사를 짓기 전부터 저희는 바질 키우는 것이 익숙해지면 농장도 넓히고 페스토를 비롯한 바질 가공품도 만들자고 했었습니다. 바질 생산 및 판매만으로는 한계가 있다는 생각에서였지요. 그래서 SNS를 개설해 농장 이야기도 하고 바질과 가공품을 홍보하고자 했습니다. 그런데 어느 것 하나 쉬운 것이 없더군요. 이상과 현실은 다른 법임을 일일이 부딪혀가며 배워야 했습니다.

바질 생육 면에서는 분명 똑같은 환경에서 키우는데도 바질의 상태에 이상이 생길 때도 있습니다. 그럴 때면 몇 날 며칠을 인터넷, 서적들을 뒤져가며 공부해야 했지요. 때로는 잎파리들 날아다니는 걸 초반에 잡겠다며 유기농 약품을 구해서 바질에 뿌렸는데 알고 보니 바질 생육을 방해하는 약품이라 바질을 전부 말려 죽일 뻔한 적도 있었습니다.

이런저런 시행착오를 겪긴 했지만 그래도 성장하고 있음을 느꼈고 지금의 규모로는 주문 물량을 맞추기에 모자라 농장 확장 이전을 계획 중입니다. 그런데 이전할 땅을 구하는 것도 만만치가 않네요. 수십 군데 농지를 답사하고 의견을 나누고 계약을 타진하기도 했는데 정말 갖가지 상황들이 발생해 저희는 아직도 땅 계약을 못 했습니다. 지금도 계약을 눈앞에 두고 일주일 사이에 정부 정책이 바뀌면서 계약이 불투명해진 상황입니다. 이 책이 출간될 즈음에는 땅 계약을 이미 완료하고 설비 공사가 진행 중이었으면 좋겠습니다.

가공품을 만들 때도 저희가 생각하는 최상의 맛을 내기 위해 온갖 레시피를 연구해서 평균 6개월 이상 만들어 맛보고 주변에 평가를 받고 출시를 하고서도 고객들의 입맛에는 맞을까 맘 졸여야 했습니다. 사업자를 내고 온라인 스토어를 개설하는 과정에서도 쉬운 것들이 없었습니다.

SNS는 더 어려웠습니다. 이전부터 제 일상을 올리던 정도는 하고 있었지만 저희를 홍보하기 위해 SNS를 운영하는 것은 차원이 다른 세계였습니다. 새로 계정을 만들고 여기저기서 들은 썰로 처음엔 막무가내로 릴스며 게시물을 올렸습니다. 그러다 반응이 영 시원찮아 결국 강의까지 들어가며 고객들에게 다가가는 법을 배워야 했습니다.

그런데 이런 과정들이 모두 저희의 이야기가 되더

군요. 요즘 세상은 단순히 물건만을 파는 세상이 아니고 그 안에 저희의 이야기가 담겨야 고객들이 관심을 갖고 제품도 찾아주시는 세상이 되었습니다. 저희가 겪는 여러 상황들을 공유하고 바질에 대한 진심을 표현하니 고객들께서도 공감해 주시고 응원해 주시면서 점차 자리를 잡아가고 있습니다.

댓글 하나에 울고 웃다

SNS와 스토어의 리뷰는 저희에게 요즘 막대한 영향력을 미치고 있습니다. 댓글이나 리뷰 하나하나가 어떤 글인지에 따라 저희 부부의 하루 기분이 좌지우지되기도 하거든요.

작기 교체기가 되어 온 가족이 함께 바질 모종 심는 모습을 SNS에 올린 적이 있었습니다. 주로 응원하거나 스마트팜에 관심 있다는 댓글이 달렸는데 한 댓글이 가슴을 후벼파더군요. "얼른 접으세요. 투자 대비 돈 안 됩니다." 스마트팜이 초기 시설비가 많이 들어가는 거. 맞습니다. 온갖 전기 설비들이 24시간

돌아가다 보니 기본 경비도 꽤 나옵니다. 짧게 본다면 투자 대비 돈 안 되는 거 맞습니다. 농산물 판매만 한다면 투자 대비 돈이 안 되는 것도 맞습니다. 하지만 1,2년 할 생각으로 농사를 짓기 시작한 것도 아니고 1차 산업에만 머무를 생각도 없습니다. 게다가 그 댓글이 달린 시기는 작기가 교체되어 무럭무럭 자라는 바질을 보면서도 기분이 좋은 시기였고 저희가 꿈꿔왔던 것들 중에 실현이 되어가는 것들이 있어 뿌듯하던 차였습니다. 그런데 그 댓글 하나가 달리니 수많은 응원을 받던 게 무색하게 마음이 무너졌습니다.

그러다 문득 생각했습니다. 고작 이런 댓글 하나에 무너질 거면 애초에 시작도 하지 말았어야지. 남편과 저는 오히려 그 댓글을 자양분 삼아 더 열심히 하고 저희가 꾸던 꿈을 실현시키는 데 시선을 집중시키자고 했습니다. 그리고 그 댓글에 무너지지 않겠다는 릴스를 만들어 게시하니 오히려 수많은 응원을 받아 힘도 나고 행복해지기도 했습니다.

실은 위 상황처럼 저희의 기분을 처지게 하는 글보다 저희에게 힘이 되는 글이 훨씬 많이 올라옵니다.

SNS의 댓글도 저희에게 힘이 되지만 스토어에서 저희 제품을 구매하신 고객님들께서 올려주시는 리뷰는 일하다가도 틈틈이 다시 보게 만들 만큼 중독적이고 행복하게 합니다.

잠깐 저희가 만든 페스토를 소개 및 자랑하자면 바질잎에 올리브유, 치즈, 견과 등을 넣어 갈아 바질 페스토를 만드는데 저희만의 차별점을 두었습니다. 시중에 파는 페스토 중에는 유통기한을 늘리기 위해 보존제를 넣기도 하고 올리브유의 비율이 꽤 높아 많이 묽고 기름기가 많은 편입니다. 하지만 저희가 만든 페스토는 올리브유를 최소한으로 넣어서 느끼함보다는 담백함이나 고소함에 바질 향의 신선함을 최대한 끌어올리려고 했습니다. 그래서 페스토는 소스처럼 발라 먹거나 버무려 먹는 용도이지만 저희는 그냥 페스토만 퍼먹어도 될 정도의 담백함을 자랑합니다. 그리고 그런 점을 고객님들이 잘 알아주셔서 실제 리뷰에 "냉장고 앞에서 퍼먹다가 정신 차리고 집어넣어야 했다."라고 하시기도 했고 "오일 함량이 적어 타제품보다 바질 향이 훨씬 더 풍성하게 난다."라는 리뷰도 꽤 있습니다. 이런 댓글을 볼 때면 저희가 지향하던 바를 고객님들께서 알아주시는 것에 짜릿함을 느끼기도 합니다.

직접 바질농장을 경영하는 장점을 살려 제품을 구매하시는 고객님들께 생바질을 약간 넣어드리고 있는데 이 역시 반응이 매우 좋습니다. 포장을 여는 순간 생바질 향이 올라오는데, 그 향이 정말 좋다는 리뷰를 많이 달아주십니다. 생바질이 향만 맡고 버려지지 않게 활용법 또한 알려드리고 있지요.

주로 온라인에서 제품을 판매하기 때문에 대면 평가는 지인 통해서만 받는 점은 아쉬운 점인데 올해는 두 차례에 걸쳐 지역 축제에 나가 고객들을 직접 만나고 평가를 받을 수 있는 기회가 생겼습니다. 지역 축제를 통해서도 울고 웃는 상황들이 생겼는데 아직 바질과 페스토에 대해 모르시는 분들이 많다는 것을 절실히 느꼈습니다. 저희 부스 양옆으로는 쫀디기와 오란다 판매를 하고 있었는데 그 두 곳에는 멀리서도 딱 알아보시고 와서 시식과 구매가 이루어졌는데 저희 부스에 들르신 분들의 70% 정도는 맨 처음 저희에게 건네는 말씀이 "이게 뭐예요?"였습니다. 축제 기간 내내 바질과 페스토에 대해 마르고 닳도록 무엇인지 설명해야 했고 맛이 있다고 얘기하시다가도 생소함에 실구매로 이어지지 않는 경우가 훨씬 많았습니다. 그래서 완판을 꿈꾸며 나갔던 축제에서 저희는 고배를 마셔야 했지요.

반면, 맛 평가만큼은 만족스러웠습니다. 간혹 바질향 자체에 거부감을 느끼시는 분이 계시긴 했지만 거의 대부분의 고객분들은 맛에 대해 긍정적인 평가를 주셨고 다양한 바질제품 개발에 대한 칭찬도 많았습니다. 축제 이후에 페스토나 다른 가공품에 대한 재구매와 현장구매 때 지나쳤는데 계속 생각나는 맛이라며 뒤늦게 구매를 해주시는 분들도 있어서 완판을 못 한 아픔을 극복하고 저희 제품에 대한 자신감을 가질 수 있었습니다.

온라인 게임에서 등급이 낮은 유저들을 가리킬 때 '쪼렙'이라는 단어를 씁니다. 저희도 농부나 사업가로서의 등급은 쪼렙이라 할 수 있겠습니다. 고객들의 반응에 일희일비하는 것만 봐도 저희의 내공이 아직

사진 9 | 파주 개성인삼 축제에서의 모습

은 한참 쌓여야 한다는 것을 느낍니다. 그러나 이런 시간도 필요하다 생각합니다. 올 여름에 작년 여름을 생각하며 미소 지었듯이 몇 년 후 제법 자리를 갖춘 후에는 지금 이 순간을 웃으며 추억하겠죠. 더 많이 부딪히고 울고 웃으렵니다.

마지막 장인 다음 장에서는 농부로서의 마음자세와 스마트팜을 시작하고 싶으신 분들에 대한 약간의 조언을 드리고자 합니다.

4장

스마트팜을 하고 싶은 당신에게

스마트팜을 시작하려면

저희의 좌충우돌 성장기를 보시고 나니 어떠신가요? 어휴, 스마트팜 농사 힘들겠다. 안 할란다라는 생각이 드시나요? 아니면 해볼 만하겠는데? 나도 해볼까?란 생각이 드시나요? 스마트팜을 해보시고자 한다면 이제부터 저희가 알려드리는 처음 시작할 때 꼭 따져보거나 준비해야 할 것들을 참고해 주세요.

논이나 밭에서 짓는 농사는 땅과 작물만 있으면 됩니다. 농기계도 필요하긴 하지요. 반면 스마트팜은 설비 비용이 꽤 들어갑니다. 식물 타워와 1:1 매칭으로 LED가 들어가야 하고 빛 조절은 농작물과 LED

의 간격으로 조정이 가능한지라 충분한 공간이 필요합니다. 분명 논이나 밭에 비해선 집약적인 시설이 가능하지만, 농업은 규모의 경제라는 말이 있듯이 충분한 돈을 벌려면 공간은 넓을수록 좋습니다.

그래서 스마트팜을 시작할 때는 사용 가능한 예산 안에서 규모는 최대한 크게 시작하는 것을 권합니다. 문의 주시는 분들 중에 작게 시작해 보고 잘 되면 늘리겠다는 분들이 있는데 하다가 늘리게 되면 추가 설비 비용도 만만치 않은 데다 기본 경비+수익을 가져가려면 규모가 작아서는 결코 수익 부분을 장담하기가 힘듭니다. 그래서 저희도 지금 확장 이전을 준비 중인데 저희가 항상 하는 말이 "애초에 더 크게 시작할걸.."입니다.

그리고 입지를 선정하는 부분도 매우 중요합니다. 실내농장이라고 해서 주변 환경의 영향을 아예 안 받는 것은 아닙니다. 매연이 자욱한 공장지대나 습기 조절이 잘 안되는 지하 공간은 가급적이면 피하시는 게 좋습니다. 이런 지역에 실내농장을 지으시면 농작물이 잘 자라지 않거나 병들거나 기형으로 자랄 가능성이 높아집니다.

그리고 혼자 농사짓지 마세요. 우선 농장 관할지역의 농업기술센터 가셔서 농업경영체 등록도 하시고 기술센터에서 연결해 주는 농업인 모임에도 꼭 들어가세요. 꼭 똑같은 작물이 아니어도 됩니다. 먼저 시작하신 선배 농부들의 노하우를 배워야 내 작물도 잘 키울 수 있습니다. 작물 재배와 관련된 정보도 중요하지만, 농부들의 모임을 통해선 각종 지원이나 교육과 관련된 정보도 많이 얻을 수 있답니다.

판매 경로도 미리 알아 놓아야 합니다. 작물에 따라 차이가 있겠지만 바질의 경우는 모종을 심고서 2주 뒤부터 수확이 시작됩니다. 미리 판매처를 확보해 놓지 않으면 기껏 열심히 키우고 수확한 작물을 그냥 폐기 처리해 버릴 수 있습니다. 저희의 경우에는 스마트팜 설비 업체가 수매업체를 겸하고 있어서 저희는 수확하고 업체에 납품하면 다달이 정산을 받는 시스템이라 초반에 판매처를 뚫기 위한 영업 부담이 없었습니다. 하지만 대다수의 스마트팜 설비 업체는 설비만 책임지는 곳들이라 판매처는 개인이 알아봐야

하는 경우가 많습니다.

농부가 되려는 마음의 준비도 필요합니다. 농부가 되려는 마음이란 작물에 대한 애정과 관심을 가지고 잘 키우겠다는 마음이라 생각합니다. 특히 바질이란 작물은 꽤 예민한 작물입니다. 수확 때만 들여다보고 키우면 작물이 원활히 자라지 못할 가능성이 높아집니다. 그리고 내 작물에 대한 공부도 많이 하고 작물을 키우는 데 필요한 온갖 환경이나 화합물에 대한 공부도 꼭 해야 한다고 생각합니다. 그렇게 키운 작물은 나의 자부심이 됩니다. 저희도 이런 과정을 거쳐 키운 저희 바질이 좋은 평가를 받을 때 그렇게 기분이 좋더라구요.

이제 스마트팜을 시작할 준비가 되셨나요? 여기서 끝이 아닙니다.

농사도 인생도, 결국 존버가 답이다

요즘 핫한 스포츠 예능이 있습니다. 바로 '신인감독 김연경'인데요. 저는 이 프로그램을 볼 때마다 농사에도 적용 가능한 말이 많이 나온다 생각합니다.

  배구를 해! → 농사를 지어야 합니다. 기능적으로 내가 농사를 짓는 것 외에 농사를 짓기 위해, 농사짓는다고 인정 받기 위해 필요한 건 무엇일까요? 바로 교육을 받고 경영체 등록을 하고 관련 인증을 받는 것이라 생각합니다. 저희는 인증에 먼저 관심을 갖기 시작했는데 그 계기는 납품을 하고 싶은 곳이 친환경 인증을 받은 바질만을 사용한다는 것을 알게 되어서였습니다. 요즘 고객들은 좋은 환경에서 자라 질 좋은 농산물을 선호합니다. 그러니 식당들에서도 일반 작물보다 친환경 작물을 좋아하지요. 친환경 인증을 받으려다 보니 교육을 들어야 했습니다. 그래서 교육을 듣기 시작했습니다. 농업은 나라의 근본인 기간산업이기 때문에 비용지원을 해주는 경우가 많습니다. 최대한 활용해야 합니다. 농사를 제대로 지으려면 잘 알아야 하고, 나의 작물에 대한 자부심을 가져야 합니다. 그것을 가능케 하는 것이 교육과 인증입니다. 이런 준비를 다 해놓고 있던 어느 날, 기적과도 같은 일이 벌어졌습니다. 저희가 납품을 하고 싶어 했던 바로 그 업체에서 먼저 전화가 와서 우리 농장의 바질을 받고 싶다고 하지 뭡니까? 이미 친환경 인증을 받아놨기에 당당하게 계약을 성사시킬 수 있었습니다. 미리 해놓지 않았다면 관련 기회가 왔을 때 잡을 수 없었겠죠?

익스큐스가 아니고 솔루션을 해 → 두 번째로는 생각을 하면서 해야 하고 대비를 해야 합니다. 어느 사회에서든 초보인 시절이 있습니다. 초보인 시절에 제대로 배워야 잘못된 길로 가지 않고 성장할 수 있습니다. 농사도 마찬가지입니다. 배워야 제대로 할 수 있는데 교육을 등한시하는 경우도 있고 교육을 기껏 받아놓고 배운 대로 하지 않고 자기 마음대로 하다 제대로 안 되면 누군가 탓을 하는 경우를 본 적이 있습니다. 그러다 작물에 이상이 생겨 당황하는 경우도 주변에도 여러 번 봤는데 배운 것을 토대로 응용했다 말했지만 응용은 내가 어느 정도 숙달된 다음에 하는 것입니다. 그리고 배운 것을 토대로 돌발 상황에 대한 대비를 해야 합니다. 저희도 돌발 상황에 대한 대비를 제대로 하지 못해 낭패를 본 적도 있었고,

반대로 선제적 대응으로 돌발 상황을 무사히 넘긴 적도 있었습니다. 농사는 몸으로만 짓는 것이 아닙니다. 많은 것들을 살펴보고 생각하면서 해야 합니다.

될 때까지 한다. → 농사도 마찬가지입니다. 농사는 길게 보고 시작하셔야 합니다. 눈앞의 수익을 보고 시작하면 금방 지칠 거예요. 그러니 작물 재배가 원활히 이루어지지 않을 때 판매를 위한 영업이 힘들 때, 작물 가격이 폭락할 때 등의 다양한 리스크 상황을 예상해 보고 그 순간들을 견뎌낼 수 있는 단단한 멘탈을 갖추고 거기에 더해 버틸 수 있는 돈도 필요합니다.

3.6.9 법칙을 아시나요? 일을 하다 보면 3개월, 6개월, 9개월, 3년, 6년, 9년마다 고비가 찾아온다는 법칙입니다. 저나 남편이 다른 일을 할 때도 겪었던 법칙이었고 농장 경영을 하면서도 겪었던 법칙이었지요. 그 시기마다 포기를 했더라면 저희는 어떻게 됐을까요? 원하던 판매처가 먼저 전화 준 기적 같은 일도 없었을 것이고 뉴스 출연이나 농업 잡지의 표지모델의 기회도 날아갔을 것입니다. 또 이렇게 책을 쓰

고 있지도 않겠지요. 될 때까지 하는 것. 그것이 저희의 목표 중 하나입니다. 하루아침에 되는 일은 없으니까요. 될 때까지 해보겠다 마음먹은 이유 중 하나는 바로 스마트팜의 미래에 달려있기도 합니다.

스마트팜의 미래를 통해 우리의 미래를 보다

세계 농산물 수출국 1위는 어디일까요? 예상하시는 대로 미국입니다. 넓은 땅과 다양한 곡물을 생산하고 수출하고 있지요. 어찌 보면 뻔합니다. 그렇다면 2위는 어디일까요? 바로 네덜란드입니다. 우리나라의 1/4수준의 국토 면적을 가지고 있는데도 세계 2위의 농산물 수출국이라니 놀랍지 않습니까?

네덜란드가 이런 순위에 위치할 수 있는 이유는 바로 스마트팜입니다. 첨단 온실과 자동화 시스템, 재생에너지의 활용까지 다양한 영역에 스마트팜을 적용하고 보급률은 2025년 상반기를 기준으로 99%에 달한다고 합니다. 스마트팜을 통해 토마토, 파프리카, 오이 등 고부가가치 작물을 1년 내내 생산하면서 수출량을 계속 늘려가고 있습니다.

 우리나라는 어떨까요? 수도작(벼농사)의 비중이 압도적으로 높은 특성상 스마트팜의 보급률은 1%에 불과하다고 합니다. 네덜란드는 물론이고 미국의 35%와 비교해도 스마트팜의 보급률은 매우 낮은 것이죠. 작물만의 문제는 아닙니다. 초기 구축비가 많이 들고, 관련 종사자의 수가 적다 보니 전문적인 인력도 많지 않고, 여러 규제 등에 막혀 스마트팜의 성장세는 늘지 않고 있습니다. 하지만 고령하아 농업 인구 감소를 고려할 때 스마트팜의 도입의 필요성은 계속 높아져 가고 있습니다.

 노지에서의 농업은 '경험'과 '감'에 의존해야 했다면 스마트팜은 과학적인 데이터를 통한 농업입니다. 그만큼 불확실성을 줄일 수 있겠죠. 저희도 아직 초기에 진입한 것이라 생각합니다. 그래서 시행착오를 꽤 겪어야만 했죠. 저희가 겪은 시행착오들은 모두 데이터로 쌓이고 있습니다. 저희뿐 아니라 현재 스마트팜을 운영하시는 분들의 데이터가 함께 누적이 되고 거기에 날로 발전하고 있는 AI가 투입되어 진단과

솔루션을 제공하게 된다면 스마트팜 농업은 정말 차원이 다른 모습을 보여줄 거라 생각합니다.

농업은 레드오션이라 하는 분들도 많습니다. 하지만 저희 부부는 그렇게 생각하지 않습니다. 세상에 끼니를 지속적으로 거르면서 살 수 있는 사람이 있을까요? 무엇이든 먹어야 합니다. 개인으로 보면 망할 수도 있는 사업일 수 있겠지만 전체적으로 보면 절대로 없어지지 않을 산업이 바로 농업입니다. 더군다나 요즘은 신선하고 청정한 먹거리에 대한 욕구가 늘고 있습니다. 스마트팜에서 자라는 작물은 균일한 환경에서 병충해 걱정 거의 없이 재배할 수 있기 때문에 소비자들의 욕구에 맞는 식재료를 공급할 수 있고 이미 저희 제품을 구매하신 분들의 만족도가 높은 것을 확인했기에 스마트팜의 방향성에 대해 확신할 수 있었습니다.

게다가 농업인구의 고령화는 젊은 농업인들에게는 기회라고 생각합니다. 전통적인 농업은 사실 많이 힘듭니다. 하지만 스마트팜이라는 새로운 농업은 그 고됨을 많은 부분 해결해 줍니다.

네덜란드의 경우에서 우리는 스마트팜의 미래를 볼 수 있습니다. 스마트팜의 보급으로 농가 수는 줄었지만, 농가당 재배 면적 수는 늘었다고 합니다. 빨리 진입해 제대로 자리를 잡는다면 고부가가치 산업이 될 수 있다는 뜻입니다. 그래서 저희 역시 좀 더 넓은 공간으로 이전을 추진하고 있습니다.

스마트팜의 미래가 무조건 밝다는 것은 아닙니다. 아직 넘어야 할 산이 많은 것이 현실이기도 합니다. 하지만 산업의 흐름으로 볼 때 스마트팜의 비중은 계속 늘어날 것이기에 조금 힘이 들어도 저희는 "존버" 정신으로 해볼 생각입니다. 그리고 선구자가 되어 볼까 합니다.

부록

스마트팜 시작 행복 가이드 A-Z

 이번 장은 농사, 그중에서도 스마트팜을 시작하기를 고민하시는 분들께서 궁금해하실만한 내용을 저희가 겪었던 내용을 중심으로 알려드립니다. 스마트팜 중에서도 실내공장형 스마트팜 위주로 서술되어 있으니 이 점 참고하여 읽어주세요.

A. Automation 자동화

스마트팜 자동제어 시스템이 있으면
정말 손 안 대고 농사 가능한가요?

→ 전혀요! 스마트팜은 작물이 자라는데 가장 적합한 환경을 만들어주는 '도구'일뿐이지, 완전히 손을 안 대고 키울 수 있는 것은 아닙니다. 방재, 수확 등 아직은 사람 손으로 해야 하는 부분이 많고 작물 유

형이나 스마트팜 유형에 따라서 노동 강도의 차이가 있겠지만 손을 안 댈 수는 없습니다.

B. Budget 예산

처음 시작할 때 최소 얼마가 필요하고,
어디에 가장 많이 쓰이나요?

→ 시설 비용은 어떻게 짓느냐에 따라 가격 차이가 천차만별이라 정확한 금액을 언급하긴 어렵지만, 기본적인 설비들의 초기 비용이 크기 때문에 규모가 2배로 늘어난다고 해서 금액이 두 배로 늘어나는 것은 아닙니다. 최소 규모의 시설(타워, LED, 물탱크, 냉난방 시설, 제습 시설 등)을 갖추려면 적어도 1억~2억 정도의 비용이 들어갑니다. 시설비도 중요하지만 기본 경비(전기세, 양액, 소모품)도 꽤 나오기 때문에 비용에 대한 대비를 충분히 하셔야 합니다.

C. Crop 작물 선택

초보자가 재배하기 쉬운 작물은 어떤 건가요?

→ 생육 주기가 짧은 작물이 좋다고 생각합니다. 한 작기를 망치더라도 빠르게 다음 작기를 시작해 보

완할 수 있으니까요. 예를 들어 벼는 1년 동안 한 작기를 할 수 있지만, 생육 주기가 짧은 작물(바질, 쌈채소 등)로는 1년에 4작기를 할 수도 있어서 그만큼 더 많이 경험하고 더 빠르게 성장할 수 있다고 생각합니다.

D. Design 농장 설계

처음 시설을 설계할 때 어떤 점을
가장 먼저 고려해야 하나요?
(예: 재배 방식 선택, 이동 동선,
설비 배치, 확장성, 채광 등)

→ 어떤 방식으로 어떤 작물을 재배할지를 결정하는 것이 첫걸음입니다. 수평베드식인지 수직타워식인지 점적관수인지 분무식인지 등 결정할 사항들이 많지요.

그다음으론 재배대 위치, 동선, 공조, 전기배선, 관수 등 설비적인 결정도 해야 합니다. 나머지 공간은 얼마나 만들지 어떻게 활용할지도 중요한 요소라고 생각합니다. 저희는 여유 공간에 사무, 휴게, 아이들의 놀이, 자재적재 등을 위한 공간으로 활용하고 있습니다. 저희는 외부의 영향을 거의 안 받는 구조이기 때문에 외부 환경의 리스크가 농장으로 유입되지 않게 최대한 줄이려고 했습니다. 농장 건물 옆에 텃밭이 조금 있었지만 해충들이 있는 모습을 보면서 그쪽으론 발길조차 주지 않고, 겨울에 환기 시에도 냉기로 인해 냉해를 입지 않도록 바람길에 칸막이를 두었습니다.

E. Energy 에너지 비용

전기요금이 생각보다 많이 나온다던데,
실제로는 어느 정도인가요?

→ 저희 농장은 60평 규모인데 농업용 전력을 사용해서 한 달에 100만 원 정도 나옵니다. 식물공장형이 아닌 비닐하우스 형은 이보다는 적게 나올 때도 있지만 겨울이나 여름에 온습도를 제어하기 위해서 전기세가 거의 비슷하게 나올 수도 있습니다.

F. Failure 실패

스마트팜 초보들이 가장 많이 실패하는 이유는 뭔가요?

→ 스마트팜이니 '무조건 잘될 거야.'라는 마음가짐으로 다가가면 한 달도 안 돼서 힘들어집니다. 우선 첫 한 두 작기는 '수업료'라고 생각하시고 그 시기를 버틸 수 있는 금전적인 대책도 마련해 두시고, 이 시기엔 '내가 작물과 친해지고 알아가는 시간이다'라고 생각하세요. 이 시기를 긍정적으로 견디지 못해 수익성이 나지 않는다며 포기하시는 경우가 많습니다. 사업 설명회에서는 좋은 사례와 이상적인 수치, 매뉴얼을 제시합니다. 하지만 작기가 어그러질 이유는 정말 많습니다. 첫 한 두 작기 때 이번 작기가 망한 것 같다고 바로 새로운 작기를 시작하지 마시고 안 좋은 상황들을 다 경험해 보고 다음 작기 때 같은 실수를 되풀이하지 않는다는 마음으로 임하시는 것도 길게 볼 때는 필요한 경험이라 생각합니다.

G. Government Support 정부 지원

정부에서 지원받을 수 있는 사업들은 어떤 것이 있나요?

→ 정부에서는 매년 청년 창업농(후계농)을 선정해서 농지 임대/매입, 시설에 필요한 자금을 지원해 주

는 사업을 하고 있고, 청년창업농은 안정적으로 농사를 할 수 있게 생활비 목적으로 사용할 수 있는 바우처 등을 지원하고 있습니다. 또한 농업인 기회수당, 정부 지원 스마트팜 보조 사업, 농어촌공사 농지임대 지원 등 다양한 정책도 많습니다. 농업기술센터나 귀농귀촌센터의 상담을 받으면 더 많은 정보를 얻을 수 있으니 방문해서 상담을 받아 보는 것이 가장 빠르고 정확한 방법입니다.

H. Harvest 수확

스마트팜 바질은 몇 주마다 수확하나요?
노동 강도는 어느 정도인가요?

→ 7~10일 간격으로 수확합니다. 관리는 부부가 할 만하지만 수확은 손이 가장 많이 필요로 하는 작업이라 외부 인력의 도움을 받아 하는 것이 낫다고 생각합니다. 수확을 제외하곤 노동 강도는 높지 않습니다. 특히 노지 농사와 비교하면 쾌적한 환경에서 일할 수 있기 때문에 일손을 구할 때도 좀 더 유리하다고 생각합니다.

I. Investment 투자 회수

초기 투자비는 몇 년 안에 회수할 수 있을까요?

→ 투자금 회수는 최소 3년 이상 걸립니다. 투자금 회수 시기를 앞당기고 싶으시면 판매루트를 다각화하고 가공까지 병행해야 합니다.

J. Job Sharing 역할 분담

부부나 가족이 함께 운영할 때,
누가 어떤 일을 맡으면 좋을까요?

→ 저희는 남편이 재배, 농장 관리, 힘쓰는 일을 저는 홍보, 운영을 맡고 있습니다. 서로 더 적성에 맞는 부분을 하면 됩니다.

K. Know-how (노하우)

현장에서 꼭 써먹을 만한
'초보 농부 생존 노하우'가 있을까요?

→ 자주 들여다보기와 인맥 만들기입니다. 자주 들여다보면서 작물에 대한 관심을 가져 미세한 변화나 이상을 감지하고 문제가 생길 때 초기에 대처를 하

는 것이 중요하고 인맥 만들기는 초보 농부가 알 수 없는 작물 재배 방법부터 각종 지원 사업, 홍보 방안 등에 대한 노하우를 배울 수 있기에 중요합니다. 농업 기술센터나 주변 농업인들과 교류가 필수입니다.

L. Location (입지)

농지나 건물은 어떤 조건으로 선택해야 하나요?

→ 농지에 시설을 올릴 경우 허가나 신고 조건이 지자체마다 상이하기 때문에 사전에 확이 작업이 꼭 필요하고 지어진 건물에 들어가려는 경우는 주변에 유해 환경이 없는 곳인지, 단열이 잘 되는지 전기, 통신, 상하수 등 기반 시설이 잘 들어오는지 확인하시고 건물 어떻게 사용할지 미리 그림을 그려보고 적합한 건물을 찾아보는 것이 좋습니다.

M. Marketing (마케팅)

생산만 하면 팔리는 줄 알았는데…
홍보는 어떻게 시작해야 하나요?

→ 요즘은 SNS나 온라인 스토어는 필수입니다. 아무

리 좋은 제품이라도 알려야 사 가는 사람들이 생기겠죠. 홍보를 시작할 때 바로 무작정 시작하지 마시고 이미 잘하고 있는 곳들이 어떻게 하고 있는지를 살펴보고 시작하세요. 그리고 지인들에게 판매하는 것에 대한 부담을 많이 가지시는데 지인은 나의 아군입니다. 그분들을 통해 입소문을 퍼지게 해야 합니다.

N. Networking 인맥

스마트팜 운영에 사람 네트워크가 정말 중요할까요?

→ 농업도 정보와의 싸움입니다. 하나라도 더 알아야 더 발전해 나갈 수 있습니다. 그러려면 농업기술센터나 농어촌공사를 적극적으로 활용해야 합니다. 농업인 교육, 지원 사업, 농지임대, 가공품 제조 등 농업인에게 필요한 정보를 얻을 수 있습니다. 그리고 농업인들과의 교류도 중요한데 선배 농부들에게 얻을 수 있는 정보는 돈 주고도 살 수 없는 경험입니다. 지금은 나 혼자 농사 잘 짓는다고 해서 살아날 수 있는 환경은 아닙니다. 내가 필요한 것이 있으면 내가 더 적극적으로 들이대고 관계를 쌓아가야 내가 발전 할 수

있습니다. 요즘은 SNS를 통해 전국의 농부, 기관들과도 연결될 수 있으니 적극적인 자세가 중요합니다.

O. Output (수익)

한 달 수익은 어느 정도 기대할 수 있나요?

→ 농산물은 계절에 따라 가격 폭이 크기 때문에 정확한 수치를 제시하긴 어렵습니다. 단일 작물, 1차 생산만 하신다면 '최대한 크게, 최대한 넓게'가 정답이라고 생각합니다. 저희같이 규모가 작은 농장을 생각하신다면 제품 생산이나 체험 등으로 부가가치를 높이면 더 높은 수익을 창출할 수 있습니다.

P. Pest 병해충

실내 재배면 벌레 걱정은 안 해도 되나요?

→ 실내라고 해서 벌레가 아예 없지는 않습니다. 온습도 관리를 제대로 하지 못하면 작물이 병이 들기도 하고 외부에서 들어온 해충 피해를 입을 수도 있어 항상 신경을 쓰셔야 합니다. 하지만 노지에 비하면 병해충은 거의 없다고 봐도 됩니다.

Q. Quality 품질 관리

LED, 온도, 양액 중 품질에
제일 큰 영향을 주는 건 뭐예요?

→ 조명, 온습도, 양액 등 환경을 제어하는 부분들은 서로 유기적으로 작동하기 때문에 어느 하나만 틀어져도 확 무너질 수 있습니다. 일정하게 유지하는 기술이 매우 중요합니다.

R. Risk 리스크 관리

정전, 시스템 오류, 정책 변경 같은 변수엔
어떻게 대비하나요?

→ 정전이나 시스템 오류는 언제 어떻게 닥칠지 모릅니다. 수동관리 매뉴얼도 미리 숙지해 두어야 하고 닥칠 수 있는 변수들을 예상해 보고 대응책을 미리 매뉴얼로 정리해 두는 것이 필요합니다.

S. Sales 판매

어디에, 어떻게 팔아야 할까요?
납품 vs 직거래 vs 온라인 중 뭐가 나을까요?

→ 가락시장 같은 도매 시장에 대량 납품을 할 수 있다면 좋겠지만 농장의 규모가 크지 않은 이상 도매시장으로 납품하기는 어렵습니다. 로컬 매장을 활용한 B2B 직거래로 고정적인 거래처를 확보하고, 온라인으로 브랜딩을 해서 B2C 거래로 인지도를 높여가면서 판매량을 늘려가면 좋습니다.

T. Time 시간 관리

하루 일과가 궁금해요. 농부의 루틴은 어떻게 되나요?

→ 저희는 하루 일과보다는 일주일 단위 루틴을 세웠습니다. 월, 화는 수확 및 납품, 수~금은 관리 및 정비. 여기에 가공품을 만들고 있기에 오후 시간에는 가공품 제조 및 배송 일정으로 바쁩니다.

U. Upgrade 확장

규모를 늘리려면 언제, 어떤 기준으로 판단해야 하나요?

→ 확장은 어느 정도 품질 유지가 가능하고 시스템이나 루틴이 흔들리지 않을 수 있다는 확신이 들 때 가능하다고 생각합니다.

V. Value Added 가공·브랜딩

수확만 하지 말고 가공까지 하라는데,
정말 효과가 있나요?

→ 누차 얘기하지만 1차 생산으로는 한계가 있습니다. 게다가 시기에 따라 변동하는 농산물 가격에 농부의 마음도 요동칩니다. 안정적인 수익을 확보하기 위해서라도 가공이나 서비스 제공은 필수입니다. 여기에 브랜딩 역시 중요합니다. 브랜딩 지원사업도 있으니 도움받아 브랜딩도 꼭 하십시오.

W. Water 수질 관리

수온이나 수질은 작물 생육에 얼마나 영향을 미치나요?

→ 적정 수온과 수질 관리 역시 매우 중요합니다. 수온이 너무 높으면 용존산소량이 떨어져 뿌리의 활력이 떨어지고 생육에 영향이 갑니다. 이처럼 작물들은 예민하기 때문에 항상 세심한 관리가 필요합니다.

X. eXperience 경험

농업 경험이 전혀 없어도 괜찮을까요?

→ 저희도 농업 경험이 전혀 없이 시작했습니다. 성실함과 세심함, 체계적인 관리 능력만 있다면 누구나 가능하다고 생각합니다.

Y. Yield 수확량

스마트팜은 노지 대비 수확량이 몇 배나 되나요?

→ 스마트팜은 수직적으로 얼마나 높이느냐에 따라 생산량을 늘릴 수 있습니다. 단순 계산으로는 2단이면 노지보다 2배, 3단이면 3배가 되겠지만, 면적의 증가에 대한 노동력은 노지보다 월등하게 적기 때문에 훨씬 더 생산적입니다. 하지만 수직적으로 더 늘리려면 자본력과 기술력이 뒷받침되어야 한다는 전제조건이 따라옵니다.

Z. Zero Point 시작점

아무것도 없는 상태에서 '첫걸음'을
어떻게 떼야 할까요?

→ 저희도 아무것도 없는 상태로 시작했습니다. 시작은 완벽해야만 하는 것은 아닙니다. 우선 시작해 보세요.

나가며

 얼마 전, 저희 스마트팜 설치 업체의 사업설명회 홍보영상을 남편이 찍게 됐습니다. 저희가 2년 전 사업설명회에 가서 다른 선진 농가의 홍보영상을 보고 우리도 저런 홍보영상에 나오면 좋겠다 했는데 그 꿈을 이룬 순간이었지요. 그만큼 열심히 했고 잘하고 있다는 것을 인정받은 듯해 뿌듯했습니다.

 처음 시작했을 때도 비전과 목표를 수립했었고 지금도 비정기적으로 비전과 목표를 점검하고 수정하기도 합니다. 그럴 때마다 저희가 농사를 시작하면서 꿈꿨던 것들이 차근차근 이루어지고 있다는 것을 확인하게 됩니다. 쉬운 길은 아니었지만 이렇게 하나씩 이뤄 나가고 있는 것을 확인하니 이 길을 선택하길 잘했다고 이야기 나누고 있습니다.

 앞이 안 보일 때 "뭔노무 산이 이렇게 넘어도 넘어도 끝없이 있냐?"라고 말하기도 했었습니다. 물론 앞으로도 넘어야 할 산도 많고 여태까지 넘었던 산과는 차원이 다르게 높은 산이 있을 수도 있습니다. 하지만 저희는 이제껏 그 산들을 잘 넘어왔듯이 부부가 함께 손을 잡고 계속 잘 넘어가 보려고 합니다.

주변에서 어떻게 다 버리고 새로 시작할 수 있었느냐고 물어봅니다. 그 질문에 답은 항상 함께였기 때문이고 저희가 서로 다른 사람이었기 때문이라고 얘기합니다. 서로가 달랐기에 서로에게 보완되는 역할을 해줄 수 있었고 함께였기에 힘을 모을 수 있었습니다. 어찌 보면 저희가 함께한다는 것이 더 중요하지, 스마트팜은 저희가 함께하는 데 필요한 도구란 생각이 드네요. 그리고 저희 둘 외에도 주변에 도움을 주시는 분들이 정말 많습니다. 그분들의 도움 덕분에 저희가 자리를 잡고 성장할 수 있었다고 생각합니다.

꼭 스마트팜이 아니라도 새로운 시작을 고민하거나 준비 중이신 분들 모두에게 '존버' 정신으로 꼭 이루어내시길 응원합니다.

지구 소확행 시리즈 출간 예정

지구 소확행 시리즈 L
- 밥은 먹고 다니냐?
오행으로 풀어보는 일주일 행복 도시락

지구 소확행 시리즈 N
- 하루만에 끝장내는 기적 집정리

지구 소확행 시리즈 S (Smart Farm)

흙 한 줌 없이 바질 농사

1쇄 발행 2025년 12월 1일
지은이 민예은
펴낸이 김영경
펴낸곳 쏠만스북
표지 디자인 이지선
인디자인 인지에

출판등록 제2021-000088호.(2021년 6월 22일)
주소 경기도 파주시 탄현면 헤이리마을길 82-91 B동 202호
이메일 fuha22@naver.com

ISBN 979-11-94047-29-2

* 이 책은 저작권법에 따라 보호받는 저작물이므로 무단 전재와 무단 복제를 금지하며, 이 책의 전부 또는 일부를 이용하려면 저작권자와 쏠만스북의 동의를 받아야 합니다.
* 책값은 뒤표지에 있습니다.
* 잘못된 책은 구입하신 서점에서 바꿔 드립니다.